Jörg Dietrich

Panorama des Leipziger Rings
1850 | 2015

Lehmstedt

Umschlag: Mathias Bertram, Berlin
Herstellung: Neue Druckhaus Dresden GmbH

Printed in Germany
ISBN 978-3-95797-011-4

www.lehmstedt.de
www.leipzigerring.de
www.panoramastreetline.de

Fotos: Jörg Dietrich unter Mitarbeit von Patrick Paul, Thomas Bär, Anja Beintker, Janett Koch, Christian Burkhardt

Historische Stadtansicht von 1850 nach dem Original im Besitz des Stadtgeschichtlichen Museums Leipzig

Das Buch erscheint anlässlich der Ausstellung »Der Leipziger Ring – gestern und heute« in der Stadtbibliothek Leipzig 13. 3. bis 13. 6. 2015

Der Leipziger Ring gestern und heute

Die Bilder von den Montagsdemonstrationen des Herbstes 1989 machten den Leipziger Promenadenring weltbekannt. Entstanden im Laufe des 18. Jahrhunderts anstelle der mittelalterlichen Festungsanlagen, zeigte und zeigt sich Leipzig hier von seiner besten Seite. Repräsentative Bauten der Stadt, des Landes und großer Unternehmen prägen sein Gesicht bis heute – vom Neuen Rathaus über die Deutsche Bank bis zum Gewandhaus, vom Hauptgebäude der Universität über den Hauptbahnhof bis zu den Höfen am Brühl, von der Reformierten Kirche über das Gebäude der IHK bis zur Thomaskirche.

Bereits in der Mitte des 19. Jahrhunderts – als die Transformation des Rings von Stadtmauer und Wehranlagen zu Wohn- und Geschäftshäusern mit grünem Gürtel noch längst nicht abgeschlossen war – beauftragte der renommierte Leipziger Kunstverlag Pietro Del Vecchio einen (leider unbekannt gebliebenen) Künstler, ein Panorama der Bebauung des kompletten Promenadenringes anzufertigen. Die um 1850 veröffentlichten Lithografien zeigen die Stadt des Klassizismus und des Biedermeiers zur Zeit von Felix Mendelssohn Bartholdy, Robert Schumann und Richard Wagner. Von dem ohnehin sehr selten gewordenen, in Schwarzweiß gehaltenen Originaldruck existieren nur noch wenige Exemplare, die seinerzeit von Hand koloriert wurden. 1989 veröffentlichte der Kunstverlag H. C. Schmiedicke einen Reprint dieser Blätter, die zu einem mehr als drei Meter langen Leporello zusammengefügt und mit knappen Erläuterungen von Ursula Walter versehen wurden. Ein zweites Exemplar, ebenfalls aus dem Stadtgeschichtlichen Museum Leipzig stammend, liegt der Reproduktion in diesem Buche zugrunde.

Der Zeichner des 19. Jahrhunderts hat außerordentlich präzise gearbeitet. Obwohl aus zehn Einzelseiten bestehend, passen die Anschlüsse, wie sich bei der Montage zeigt, nahezu perfekt. Es müssen daher sehr genaue Vorzeichnungen angefertigt worden sein, die dann in einem aufwändigen Verfahren Stück für Stück zusammengesetzt und schließlich von einem erfahrenen Lithografen auf Stein übertragen wurden. Eine nähere Betrachtung und ein Vergleich mit dem aktuellen Foto machen allerdings deutlich, dass der Zeichner sich notgedrungen immer wieder gewisse perspektivische Freiheiten genommen hat – vor allem, wenn die Straßen Bogen und Knicke machen (besonders deutlich beim Übergang von der heutigen Goethe- in die Richard-Wagner-Straße und an den beiden Seiten der Pleißenburg bzw. des Neuen Rathauses), ebenso bei der Wiedergabe der in die Innenstadt führenden Straßen und Plätze.

Ist, was vor anderthalb Jahrhunderten Zeichner und Lithografen schaffen konnten, mit den Mitteln der modernen Fotografie samt digitaler Bildbearbeitung wiederholbar? Diese Frage stellte sich sofort, als der Leipziger Fotograf Jörg Dietrich Muster seiner linearen Fotografie zeigte, mit der er in vielen europäischen Städten längere Straßenzüge erfasst hat, die das menschliche Auge unmöglich mit einem Mal, von einem Standpunkt aus, erfassen kann. Dieses Buch (und eine begleitende Ausstellung in der Leipziger Stadtbibliothek) bietet die Antwort: Es ist möglich, und zwar auf eine höchst eindrucksvolle Weise.

Eine Komplettansicht des Rings ist mit klassischer Fotografie oder Panoramafotografie nicht möglich, genauso wenig wie wir mit unserem Auge eine Fassadenfront, die unseren Sichtbereich überschreitet, erfassen können. Zur Lösung dieses Problems hielten Jörg Dietrich und seine Mitarbeiter die gesamte innere Ringbebauung in fotografischen Serien entlang der Fassadenfronten fest. Diese Serien wurden je nach Witterung, aktuellem Baugeschehen und Sonneneinstrahlung zu verschiedenen Zeiten und in schneller Abfolge erstellt. Daraus entstanden am Computer Montagen der einzelnen Abschnitte des Rings, die schließlich zum Gesamtpanorama endmontiert wurden.

Aus der Erfahrung mit Straßenzügen im Projekt »PanoramaStreetline« war klar, dass ausgedehnte architektonische Fassadendarstellungen grundsätzlich möglich sind und auch Lücken, Brachflächen und Kreuzungen mit individuellen Lösungen in der Bildbearbeitung dargestellt werden können. Eine derart ausgedehnte Darstellung wie den Leipziger Ring – immerhin mehr als dreieinhalb Kilometer lang! – bildete freilich eine ganz neue Herausforderung. Die Problemstellen waren schnell identifiziert. Vor allem die Wiedergabe der heute unbebauten Strecke zwischen »Blechbüchse« und »Runder Ecke« barg Schwierigkeiten, außerdem die Brachfläche am Unister-Neubau an der Goethestraße sowie die um die Ecke verlaufende Gebäudeabfolge am Eingang der Petersstraße.

Schwierig zu beantworten war die Frage, wie sich überhaupt Fotografien des kompletten Rings erstellen lassen und aus welcher Perspektive die Gebäude fotografiert werden sollten. In der klassischen Panoramafotografie werden Fotoserien von einem Standpunkt aus aufgenommen und anschließend zu einer perspektivischen Darstellung der Umgebung bis maximal 360° verarbeitet (vgl. Abb. 1). Es ist auch möglich, diese Fotoserien zu verwenden, um eine lineare Projektion einer Gebäudefront mit einem Bildwinkel bis annähernd 180° zu erstellen (vgl. Abb. 2). Doch diese beiden Ansätze helfen nicht bei der Abbildung eines kompletten Innenstadtrings. Die sphärische Panoramadarstellung zeigt nur den vom Standpunkt aus sichtbaren Bereich, und das auch noch in einer perspektivisch stark gekrümmten Projektion. Die lineare Darstellung ermöglicht zwar eine korrekte Ausrichtung der Fassadenfront, kann aber nur einen zentralen Bereich frontal vor dem Standpunkt scharf und unverzerrt visualisieren.

Für Fassadenfronten erarbeitet das PanoramaStreetline-Team deshalb manuell linear entzerrte Einzelaufnahmen, die anschließend aneinanderge-

Abb. 1 Schillerstraße, klassisches Panorama

Abb. 2 Schillerstraße, rectilineares Panorama

fügt werden. So erhält man auch für ausgedehnte Fassadenfronten eine korrekte perspektivische Darstellung in voller Schärfe über die komplette Länge. Am Leipziger Ring wurden dabei Fotoserien aus verschiedenen Entfernungen getestet. Wo es möglich war, wurden die einzelnen Abschnitte einerseits von der Außenseite des Rings, also inklusive der Parkanlagen des Promenadenrings und der Ringstraße mit den Straßenbahnanlagen, und andererseits direkt vor den Fassaden innerhalb der Promenadenanlagen fotografiert. Beides hat seine Vor- und Nachteile. Von außerhalb des Rings gibt es genügend Abstand für eine bequeme und gewohnte Ansicht der Gebäude ohne starke Verzerrungen. Allerdings stellen in diesem Falle die Park- und Straßenbahnanlagen ein gravierendes Hindernis dar, verdecken sie doch die Fassaden und passen bei der späteren Montage aufgrund der unterschiedlichen Perspektiven (des sogenannten Parallaxen-Fehlers) nicht zueinander. Bei den unmittelbar vor den Gebäuden entstandenen Bildern werden diese Probleme vermieden, dafür aber gibt es deutlich stärkere Verzerrungen aufgrund der geringen Entfernung und eine schlechter ausgeprägte Darstellung der nun oft nicht mehr sichtbaren Dachlandschaft der Gebäude. Da aber nur auf diese Weise eine zusammenhängende Abbildung ohne die sonst unvermeidlichen Bildfehler im Bildvordergrund realisierbar ist, entschied sich Jörg Dietrich für die zweite Variante. Auf der Abbildung 3 sieht man den Bereich am Dittrichring in einer groben Montage aus der Ringperspektive: Es ist deutlich zu erkennen, dass die Parkbereiche im Vordergrund unpassend zusammengeschnitten werden, die Straßenabschnitte nicht aneinander passen, die Bäume überdimensioniert wirken und die Fassaden teilweise verdeckt sind; allerdings ist auch die bessere Darstellung der Dachlandschaft erkennbar; dasselbe Bild, aufgenommen zwischen April und Oktober, würde nur noch grüne Blätter mit

Abb. 3 Dittrichring, alternative Darstellung, Ringperspektive

gelegentlich durchscheinenden roten Dächern zeigen – so, wie der Betrachter den Promenadenring tatsächlich sieht, eben als Grünanlage. (Man vergleiche die schließlich realisierte Version auf S. 106–107.)

Vom Regelfall der unmittelbar vor den Fassaden aufgenommenen Fotografien musste ein Mal abgewichen werden. Praktisch komplett aus der Außenperspektive des Rings fotografiert wurde der Abschnitt von den »Höfen am Brühl« bis zur »Runden Ecke« – einerseits, weil es vor den »Höfen am Brühl« im Grunde keine Parkanlagen gibt, andererseits, weil der Bereich zwischen »Blechbüchse« und »Runder Ecke« weder eine geschlossene Fassadenfront noch eine vorgelagerte Straße aufweist, von der aus fotografiert werden könnte.

Alle aufgenommenen Fotoserien wurden manuell entzerrt und in eine lineare Darstellung umgewandelt, bevor sie in einem aufwändigen Prozess einzeln aneinander gefügt wurden. Dabei erfolgte eine grobe Korrektur des Vordergrunds (inklusive der Straßenoberfläche, Autos, Passanten, Straßenbahnleitungen) wie auch eine Überarbeitung des Hintergrunds für eine stimmige Darstellung des Himmels über dem Gesamtpanorama. Bei einzelnen Gebäuden wie dem City-Hochhaus, dem Krochhochhaus oder dem Neuen Rathaus wurden Turmbereiche manuell durch zusätzliche Perspektiven ergänzt, um die starken Verzerrungen aus geringem Abstand abzuschwächen.

Die Entscheidung, die Aufnahmen im Prinzip auf der Innenstadtseite der Straße vor dem jeweiligen Gebäude zu machen, führte auch dazu, dass bestimmte Bauten im fotografischen Panorama fehlen, weil sie auf dem Ring, d. h. in oder an den Grünanlagen liegen: die Moritzbastei, das Gewandhaus, die Oper, der LVB-Pavillon am Hauptbahnhof und der City-Tunnel-Ausgang vor der Petersstraße.

Bei der Gesamtmontage des Fotos wurde auch sichtbar, was der gewöhnliche Fußgänger kaum, der Autofahrer gar nicht wahrnimmt – die Leipziger Innenstadt liegt nicht plan, sondern weist (bescheidene) Höhenunterschiede auf. Den tiefergelegenen Bereichen um den Brühl stehen höherliegende Abschnitte, etwa am Augustusplatz, gegenüber. Da die Gesamtmontage des Fotos von einer einheitlichen Grundlinie ausgehen muss, erscheinen die Höhenunterschiede bei der Wiedergabe im Buch als mal breitere, mal schmalere oder ganz entfallende vertikale Striche. Der Zeichner der Lithografie aus dem 19. Jahrhundert hat dieses Problem übrigens elegant ignoriert.

Hier zeigt sich auch der deutlichste Unterschied zwischen Lithografie und Fotografie. Während der Maler Größenverhältnisse frei nach seinen Vorstellungen anpassen und so Gebäude im Vorder- wie im Hintergrund harmonisch zusammenfügen kann, ist der Fotograf weitgehend an die perspektivischen Größenverhältnisse im Foto gebunden. So wie ein Mensch im Vordergrund eines Fotos viel größer dargestellt ist als der Wolkenkratzer im Hintergrund, so erscheinen die vorstehenden Erker entlang des Dittrichringes leicht überdimensioniert, während die Thomaskirche aufgrund ihrer zurückversetzten Lage viel kleiner dargestellt ist.

Zum besseren Verständnis werden die wichtigsten Bauten, Straßen und Plätze unter den Abbildungen genannt und in einem Anhang erläutert. Dabei beziehen sich die Beschriftungen bei den Bildern immer auf die jeweilige Zeitebene. Nummeriert erscheinen die Häuser sowie die in die Stadt hineinführenden Straßen; nicht nummeriert und auf einer zweiten Ebene eingesetzt sind jene Straßen und Plätze, die den Ring selbst bilden und von denen aus der Betrachter auf die Stadt blickt.

Ein Foto, das einen dreieinhalb Kilometer langen Straßenzug in Gestalt eines Innenstadtringes abbildet, hat es wohl noch nie zuvor gegeben. Absolut einmalig aber ist ohne Zweifel die Möglichkeit, dieses moderne Foto mit einer mehr als 150 Jahre zuvor entstandenen Abbildung vergleichen zu können, Haus für Haus und Straßenzug um Straßenzug. Im eintausendsten Jahr der Ersterwähnung Leipzigs nimmt Jörg Dietrich den Betrachter mit auf eine einzigartige Zeitreise in die Stadtgeschichte.

Mark Lehmstedt

Panorama des Leipziger Rings
1850 | 2015 im Vergleich

1 Schwarzsches Haus

2 Augusteum

3 St. Pauli

Augustusplatz

1 City-Hochhaus

2 Neues Augusteum

3 Paulinum

Augustusplatz

4 Café Français 5 Grimmaische Straße 6 Wohnhaus 7 Wohnhaus
Goethestraße

4 Bürohaus 5 Grimmaische Straße 6 Königshaus 7 Krochhochhaus 8 Dresdner Bank
Goethestraße

9 Preußisches Haus, Rotes Kolleg   10 Kleines Fürstenkolleg   11 Ritterstraße

Goethestraße

9 Studentenwerk Leipzig   10 Königliches Palais, Rektorat   11 Ritterstraße

Goethestraße

12 Frauenkolleg 14 Georgenhaus

Goethestraße

12 Bauplatz Unister 13 Brühl 14 Novotel

Goethestraße

16 Wohnhäuser

18 Zum blauen Harnisch, Rauchwarenhalle

Am unteren Park

16 Bürohaus

17 Forum am Brühl

18 Bürohäuser

Richard-Wagner-Straße

9 Zur goldenen Kanne 22 Krafts Hof, Schwabes Hof 23 Goldene Kugel

Am unteren Park

9 Parkhotel 20 Nikolaistraße 22 Parkplatz 23 Goldene Kugel

Richard-Wagner-Straße

23 Goldene Kugel 24 Hallesche Straße 25 Wohnhaus 26 Zum Heilbrunnen

Theatergasse

23 Goldene Kugel 24 Am Hallischen Tor 25–33 Höfe am Brühl

Richard-Wagner-Straße

26 Lattermanns Hof, Goldene Eule　27 Plauenscher Hof　28 Hallesches Gässchen

Theatergasse

25–33 Höfe am Brühl　28 (Durchgang)

Richard-Wagner-Straße

28 Hallesches Gässchen

29 Zur grünen Tanne, Drei Schwanen, u. a.

30 Reitstall

Theatergasse

28 (Durchgang)

25–33 Höfe am Brühl

Richard-Wagner-Straße

31 Altes Theater 32 Reithaus 33 Wohnhäuser

Theaterplatz

25–33 Höfe am Brühl 33 »Blechbüchse«

Richard-Wagner-Straße

34 Großer Blumenberg

35 Zur goldenen Krone, Zum goldenen Schiff, Stadt Gotha

Ranstädter Zwinger

34 Großer Blumenberg

Richard-Wagner-Platz

Töpferstraße

35 Stadtmauer

Ranstädter Zwinger

36 Neukirche

37 Loge Balduin

35 Bezirksverwaltung Leipzig der Stasi, Richard-Wagner-Denkmal

Töpferstraße

37 Schulmuseum

38 Häuser am Neukirchhof

39 Neues Pförtchen

38 Museum in der Runden Ecke, BStU Leipzig

Dittrichring

40 Häuser an der Kleinen Fleischergasse

Am Thomaszwinger

39 Matthäikirchhof

40 Wünschmanns Hof

Dittrichring

41 Barfußpförtchen

42 Hôtel de Saxe, Zwei goldene Sterne

Am Thomaszwinger

41 Barfußgässchen

42 Wohn- und Geschäftshäuser

Dittrichring

42 Altes Kloster

43 Thomaskirchhof

Am Thomaszwinger

42 Haus der Kirche

43 Thomaskirchhof

Dittrichring

43 Thomaskirchhof 44 Hiller-Denkmal 45 St. Thomas 46 Thomasschule

An der Pleiße 47 Thomaspförtchen

45 St. Thomas 46 Thomas-Haus 47 Thomaskirchhof 48 Wohn- und Geschäftshäuser

Dittrichring

49 Schulstraße 50 Ratsfreischule 51 Loge Minerva 52 Pleißenburg

An der Pleiße

49 Ratsfreischulstraße 50 HypoVereinsbank 58 Markgrafenstraße 53 Triashaus

Dittrichring Martin-Luther-Ring

52 Pleißenburg

54 Schlosstor

An der Pleiße

52 Stadthaus

54 Lotterstraße

55 Neues Rathaus

Martin-Luther-Ring

55 Pleißenburg, Kaserne und Observatorium

Obstmarkt

55 Neues Rathaus

56 Hugo-Licht-Straße

Martin-Luther-Ring

57 Pleißenburg

Obstmarkt

56 Hugo-Licht-Straße

57 Deutsche Bank

Martin-Luther-Ring

59 Peterstor 60 Peterskirche

Moritzdamm

58 Markgrafenstraße 59 Petersstraße 60 Musikschule

Schillerstraße

61 Kornmagazin

Moritzdamm

62 Volksbank
63 Neumarkt
64 Sparkasse
65 Geschäftshaus

Schillerstraße

68 Moritzpforte

69 Moritzbastei mit Bürgerschule

Moritzdamm

5 Ägyptisches Museum

67 Wohnhochhaus

68 Universitätsstraße

70 Mensa am Park

Schillerstraße

Panorama des Leipziger Rings

1850

1 Schwarzes Haus

2 Augusteum

3 St. Pauli

4 Café Français

5 Grimmaische Straße

6 Wohnhaus

7 Wohnhaus

9 Preußisches Haus, Rotes Kolleg

10 Kleines Fürstenkolleg

11 RItterstraße

12 Frauenkolleg

14 Georgenhaus

15 Müllers Denkmal

16 Wohnhäuser

18 ZUm blauen Harnisch, Rauchwarenhalle

19 Zur goldenen Kanne

22 Krafts Hof, Schwabes Hof

23 Goldene Kugel

24 Hallesche Straße

25 Wohnhaus

26 Zum Heilbrunnen 26 Lattermanns Hof 26 Goldene Eule

27 Plauenscher Hof

28 Hallesches Gässchen

29 Zur grünen Tanne, Drei Schwanen, u. a.

30 Reitstall

31 Altes Theater

32 Reithaus

33 Wohnhäuser

34 Großer Blumenberg

35 Zur goldenen Krone

35 Zum goldenen Schiff, Stadt Gotha

35 Stadtmauer

36 Neukirche

37 Loge Balduin

38 Häuser am Neukirchhof

38 Häuser am Neukirchhof

39 Neues Pförtchen

40 Häuser an der Kleinen Fleischergasse

40 Häuser an der Kleinen Fleischergasse

41 Barfußpförtchen

42 Zwei goldene Sterne

42 Hôtel de Saxe

42 Altes Kloster

43 Thomaskirchhof

43 Thomaskirchhof 44 Hiller Denkmal 45 St. Thomas 46 Thomasschule

47 Thomaspförtchen

49 Schulstraße

50 Ratsfreischule

51 Loge Minerva

52 Pleißenburg

52 Pleißenburg

54 Schlosstor

55 Pleißenburg, Kaserne und Observatorium

55 Pleißenburg

57 Pleißenburg

57 Pleißenburg

57 Pleißenburg

59 Peterstor

60 Peterskirche

61 Kornmagazin

68 Moritzpforte

68 Moritzpforte

69 Moritzbastei mit Bürgerschule

Panorama des Leipziger Rings

2015

1 City-Hochhaus

2 Neues Augusteum

3 Paulinum

4 Bürohaus 5 Grimmaische Straße 6 Königshaus

7 Krochhochhaus

8 Dresdner Bank

9 Studentenwerk Leipzig

10 Königliches Palais, Rektorat

11 Ritterstraße

12 Bauplatz Unister

13 Brühl

14 Novotel

16 Bürohaus

17 Forum am Brühl

18 Bürohäuser

19 Parkhotel

20 Nikolaistraße

22 Parkplatz

23 Goldene Kugel

24 Am Hallischen Tor

25–33 Höfe am Brühl

25–33 Höfe am Brühl

28 (Durchgang)

25–33 Höfe am Brühl

33 »Blechbüchse«

34 Großer Blumenberg

35 Bezirksverwaltung Leipzig der Stasi, Richard -Wagner-Denkmal

37 Schulmuseum

38 Museum in der Runden Ecke, BStU Leipzig

38 Museum in der Runden Ecke, BStU Leipzig

39 Matthäikirchhof

40 Wünschmanns Hof

41 Barfußgässchen

42 Wohn- und Geschäftshäuser

42 Haus der Kirche

43 Thomaskirchhof

45 St. Thomas

46 Thomas-Haus

47 Thomaskirchhof

48 Wohn- und Geschäftshäuser

49 Ratsfreischulstraße

50 HypoVereinsbank 58 Markgrafenstraße 53 Triashaus

52 Stadthaus

54 Lotterstraße

55 Neues Rathaus

55 Neues Rathaus

55 Neues Rathaus

56 Hugo-Licht-Straße

57 Deutsche Bank

58 Markgrafenstraße

59 Petersstraße

59 Petersstraße

60 Musikschule

62 Volksbank

63 Neumarkt 64 Sparkasse 65 Geschäftshaus

64 Sparkasse
65 Geschäftshaus
66 Ägyptisches Museum

67 Wohnhochhaus 68 Universitätsstraße 70 Mensa am Park

Straßen, Plätze und Gebäude entlang des Leipziger Promenadenrings

Für die Erläuterungen wurden dankbar benutzt: »Leipzig. Architektur von der Romanik bis zur Gegenwart« von Wolfgang Hocquél (3. erweiterte Auflage, 2010); »Leipziger Denkmale« von Markus Cottin, Gina Klank u.a. (1998) sowie die bislang umfassendste Darstellung zum Thema: »Der Leipziger Promenadenring« von Andreas Martin (2011).

Augustusplatz, 1839 nach König Friedrich August I. von Sachsen benannt, mit 40 000 m² der größte Platz einer deutschen Stadt

1 Schwarzsches Haus, errichtet 1834/40 für den Arzt Gotthilf Wilhelm Schwarze, 1874 von der Universität erworben und als Universitäts-Rentamt genutzt, 1943/45 zerstört, 1968/75 durch den Neubau des Universitätshochhauses (heute: City-Hochhaus) ersetzt

2 Augusteum, Hauptgebäude der Universität, 1830/36 im klassizistischen Stil von Albert Geutebrück errichtet, 1891/97 von Arwed Roßbach im Stil der Neorenaissance komplett umgebaut, 1943/45 teilzerstört, 1968 gesprengt und durch einen Neubau ersetzt, dieser 2005/09 abgerissen und durch einen Neubau nach Plänen von Erick van Egeraat ersetzt

3 St. Pauli, Universitätskirche, 1231/40 als Kirche des Dominikanerklosters errichtet, 1485–1521 Umbau zu einer spätgotischen Hallenkirche, seit 1543 der Universität gehörend, 1836/38 Umbau durch Albert Geutebrück mit Anbau einer klassizistischen Chorfassade, 1897/98 von Arwed Roßbach im Stil der Neogotik komplett umgebaut, 1968 Abriss und Integration des Geländes in den Neubau des Universitätshauptgebäudes, seit 2004 Neubau nach Plänen von Erick van Egeraat als »Paulinum – Aula und Universitätskirche St. Pauli«

4 Café Français, 1835 anstelle des abgebrochenen Grimmaischen Tores errichtet, Stammhaus mit Verkaufslokal der Schokoladenfirma Felsche, 1914 aus nationalistischen Gründen Umbenennung in Kaffeehaus Felsche, 1943 zerstört, anschließend Brachfläche, 2009 ersetzt durch ein Bürogebäude mit italienischem Restaurant

5 Grimmaische Straße, benannt nach dem 1421 erstmals erwähnten, 1831/35 abgebrochenen Grimmaischen Tor, über Jahrhunderte die wichtigste Straßenverbindung von Leipzig nach Osten (Dresden, Breslau, Krakau)

Goethestraße, seit 1839 Am oberen Park genannt, 1865 Umbenennung zum 100. Jahrestag des Leipziger Studienbeginns von Johann Wolfgang von Goethe

6 Klassizistisches Wohnhaus, 1835 errichtet, 1911/13 durch einen Neubau für das Konfektionsgeschäft Bamberger & Hertz ersetzt (sog. »Königshaus«), auch Sitz des Café Corso, 1943/45 teilzerstört, nach 1945 mehrfach saniert, zuletzt 1998–2000 als Geschäftshaus

7 Wohnhaus mit Durchgang zur Ritterstraße (»Theaterpassage«), später Sitz der Kunsthandlung Hermann Vogel, 1927/28 durch den Neubau des ersten Leipziger Hochhauses ersetzt, das durch German Bestermeyer als elfgeschossiger Stahlbetonbau für das Bankhaus Kroch errichtet wurde, heute Sitz der Kustodie der Universität

8 Rückgebäude der Häuser an der Ritterstraße, 1910/11 ersetzt durch das Gebäude der Dresdner Bank (später Sächsische Bank) nach Plänen von Martin Dülfer, 1945–1990 »Franz-Mehring-Haus« mit der ersten Volksbuchhandlung der DDR im Erdgeschoss, 1995/96 saniert, heute wieder als Bankgebäude genutzt

9 »Preußisches Haus«, 1841 von Albert Geutebrück erbaut, rechts daneben das »Rote Kolleg«, ein 1503/04 unter Herzog Georg erbauter und 1517 neu errichteter großer Gebäudekomplex der Universität zwischen Ritterstraße und Stadtmauer (Goethestraße), 1904 abgebrochen und 1905 durch einen Neubau im neogotischen Stil ersetzt, beide 1943/45 zerstört und 1963/65 durch das Studentenwohnheim »Jenny Marx« ersetzt, heute Sitz des Leipziger Studentenwerks

10 Zwingergebäude des Kleinen Fürstenkollegs (Ritterstraße), 1860/62 durch den Neubau des Königlichen Palais nach Plänen von Albert Geutebrück ersetzt, innen 1886 durch Arwed Roßbach umgestaltet, ab 1919 als »Porzellan-Palais-Meßhaus« verwendet, heute Sitz des Rektorats der Universität

11 Ritterstraße, ursprünglich Eselsplatz, ab 1839 Ritterplatz, der Durchbruch zur Goethestraße erfolgte erst um 1860 im Zusammenhang mit dem Bau des Königlichen Palais

12 Ehemaliges Frauenkolleg auf dem Areal zwischen Brühl, Ritterstraße und Goethestraße, 1856/58 Bau einer großen Fleischhalle im Stil des Spätklassizismus, nach dem benachbarten Georgenhaus »Georgenhalle« genannt, 1879–1895 Sitz des Reichsgerichts, 1943/45 zerstört und abgetragen, 1964/65 ersetzt durch den Büro-Neubau für den VVB Chemieanlagen, dieser 2009 abgerissen, seitdem Brache (Bauplatz der Firma Unister)

13 Brühl, längste und am tiefsten gelegene Straße der Leipziger Innenstadt, 1872 Öffnung zum Schwanenteich (Goethestraße) für den Droschken-, dann Auto- und Straßenbahnverkehr

14 Georgenhaus, 1213 als ältestes Leipziger Hospital entstanden, 1699–1701 Neubau als Zucht- und Waisenhaus, 1790/99 Anbau der klassizistischen Schauseite, 1870/71 abgerissen und 1871/75 Neubau als Geschäftshaus der Allgemeinen Deutschen Credit-Anstalt (ADCA), 1943/45 zerstört und abgetragen, 1963/65 in den Neubau des Hotels »Stadt Leipzig« integriert, 1991 abgerissen und durch Neubau des Hotels »Novotel Leipzig City« ersetzt

15 Denkmal für den Leipziger Bürgermeister Carl Wilhelm Müller (1728–1801), 1819 errichtet (heute am gleichen Standort befindlich, aber aus perspektivischen Gründen nicht auf dem Foto von 2015 sichtbar)

Richard-Wagner-Straße, Umbenennung aus Anlass des 100. Geburtstages Richard Wagners 1913, zuvor hieß der östliche Teil (Goethestraße bis Hallisches Tor): Grimmaischer Zwinger, seit 1839 Am unteren Park, seit 1865 Parkstraße, während der westliche Teil (Hallisches Tor bis Richard-Wagner-Platz) Hallischer Zwinger hieß, seit 1839 Theatergasse, seit 1865 Plauenscher Platz und Theatergasse

16 Wohnhäuser, 1795 errichtet, 1871/75 ersetzt durch den Neubau der Allgemeinen Deutschen Credit-Anstalt (ADCA), 1943/45 zerstört und abgetragen, 1963/65 Neubau des Hotels »Stadt Leipzig«, 1991 abgerissen und durch Neubau des Hotels »Novotel Leipzig City« ersetzt

17 »Forum am Brühl«, erst 1995/96 geschaffener Fußgängerdurchgang zur Verlängerung der Ritterstraße zur Richard-Wagner-Straße

18 Rückgebäude der 1795/97 errichteten Häuser am Brühl »Zum blauen Harnisch« und »Rauchwarenhalle«, 1943/45 zerstört und abgetragen, 1963/65 in den Neubau des Hotels »Stadt Leipzig« integriert, 1991 abgerissen und 1993/95 durch ein Bürohaus ersetzt

19 Haus »Zur goldenen Kanne«, 1913 ersetzt durch den Neubau des »Parkhotels«, heute »Seaside Park Hotel Leipzig«

20 Nikolaistraße, die Verlängerung vom Brühl zur Richard-Wagner-Straße erfolgte erst 1912 im Zusammenhang mit dem Bau des Hauptbahnhofs

21 Geschäftshaus an der Ecke Nikolaistraße, Neubau von 1913

22 Rückgebäude der Häuser am Brühl »Krafts Hof« (mit Mittelrisalit) und »Schwabes Hof« (mit Doppeltor), Neubauten um 1840/45, 1943/45 zerstört, seitdem Brache bzw. Parkplatz

23 »Goldene Kugel«, 1910 durch einen Neubau ersetzt, 1943/45 teilzerstört, um 1995 saniert

24 Hallesche (Hallische) Straße, benannt nach dem 1820 abgebrochenen Hallischen Tor, einem der vier Haupttore der mittelalterlichen Stadtbefestigung, 1921 Umbenennung in: Am Hallischen Tor

25 Wohnhaus, 1923/24 ersetzt durch den Neubau des »Messehauses Union«, 1943/45 ausgebrannt, anschließend instandgesetzt, 1968 Abriss, 2010/12 Integration in den Neubau des Einkaufs-Centers »Höfe am Brühl«

26 Wohn- und Geschäftshäuser, Rückgebäude zu den Häusern am Brühl »Zum Heilbrunnen«, »Lattermanns Hof« (mit Mezzaningeschoss) und »Goldene Eule«, 1943/45 zerstört, 1965/68 überbaut durch drei zehngeschossige Wohnblocks mit dazwischen liegenden Flachbauten, 2010/12 Abriss und Integration der Grundstücke in den Neubau der »Höfe am Brühl«

27 Rückgebäude des Hauses am Brühl »Plauenscher Hof«, 1874 Abriss und Neubau des Geschäftshauses »Plauensche Passagen«, 1943/45 zerstört, 1965/68 überbaut durch drei zehngeschossige Wohnblocks mit dazwischen liegenden Flachbauten, 2010/12 Abriss und Integration der Grundstücke in den Neubau der »Höfe am Brühl«

28 Hallesches Gässchen, seit 1468 Verbindung vom Brühl zum Hallischen Pförtchen, bis um 1800 nur für Fußgänger bestimmt, 1874 Umbenennung in Plauensche Straße, 1965 überbaut, seit 2010/12 als Fußgängerweg wieder hergestellt

29 Rückgebäude mehrerer Häuser am Brühl, darunter »Zur grünen Tanne« und »Drei Schwanen«, 1943/45 zerstört, 1965/68 überbaut durch drei zehngeschossige Wohnblocks mit dazwischen liegenden Flachbauten, 2010/12 Abriss und Integration der Grundstücke in den Neubau der »Höfe am Brühl«

30 Reitstall, 1821 Neubau für das Reithaus (siehe Nr. 32), 1869/83 vermietet, dann als Werkstätte des Alten Theaters genutzt, 1943/45 zerstört

31 Altes Theater, 1766 auf der Ranstädter Bastei errichtet, 1817 Umbau im klassizistischen Stil und Anbau der Schaufassade, 1943 zerstört und anschließend abgetragen, heute Straßenbahnhaltestelle

Theaterplatz, entstanden 1822 nach dem Abbruch des Ranstädter Tores, 1913 Umbenennung in Richard-Wagner-Platz aus Anlass des 100. Geburtstags des Komponisten

32 Reithaus, 1717/187 errichtet, 1875/76 abgebrochen und ersetzt durch das Geschäftshaus der Leipziger Lebensversicherungsgesellschaft, 1927/28 abgebrochen und durch den Erweiterungsbau des »Kaufhauses Brühl« ersetzt, 1943/45 teilzerstört, 1965/68 Umbau (»Blechbüchse«), 2010/12 Abriss und Integration in das Einkaufs-Center »Höfe am Brühl«

33 Wohn- und Geschäftshäuser, 1907/08 und 1912/15 durch den Neubau des »Kaufhauses Brühl« ersetzt, 1943/45 teilzerstört, 1965/68 Umbau (»Blechbüchse«), 2010/12 Abriss und Integration in das Einkaufs-Center »Höfe am Brühl«
34 Wohn- und Geschäftshaus »Großer Blumenberg«, 1826/32 durch Albert Geutebrück errichtet, 2001/03 umfassend saniert

Ranstädter (Rannischer) Zwinger, seit 1869 Töpferstraße, benannt nach dem im 19. und frühen 20. Jahrhundert hier abgehaltenen Töpfermarkt, heute (unbeschildert) nur noch als Rudiment erhalten
35 Hinterhäuser von Bauten der Großen Fleischergasse, u. a. »Zur goldenen Krone«, »Zum goldenen Schiff« und »Stadt Gotha«, sowie Reste der Stadtmauer, nach 1860 z.T. durch Neubauten ersetzt, 1943/45 zerstört, 1985 Neubau des Gebäudes der Bezirksverwaltung Leipzig des Ministeriums für Staatssicherheit der DDR, 2013 Aufstellung des Richard-Wagner-Denkmals
36 Neukirche, 1239 errichtet als Kirche des Franziskanerklosters, 1488–1504 Umbau als spätgotische Hallenkirche, 1522 Umwidmung zur Lagerhalle, 1699 erneute Weihe als Neukirche, 1879/80 Umbau durch Oskar Mothes, 1894 Umbenennung in Matthäikirche, 1943/45 zerstört, 1948 abgebrochen, 1985 überbaut durch das Gebäude der Bezirksverwaltung Leipzig des Ministeriums für Staatssicherheit der DDR
37 Gebäude der Freimaurerloge »Balduin zur Linde«, 1550–1821 Organistenhaus der Stadt, 1822 Umbau für die Freimaurerloge, 1869 ersetzt durch Neubau für das »Hotel Müller«, 1943/45 zerstört, 1957 Erweiterungsbau für die Bezirksverwaltung Leipzig des Ministeriums für Staatssicherheit der DDR, seit 2000 Sitz des Schulmuseums Leipzig
38 Rückgebäude der Häuser am Neukirchhof (Matthäikirchhof), im Eckhaus befand sich 1879–1909 das Fotoatelier Hermann Walter, 1910/11 Abriss aller Häuser bis an »Müllers Hotel« und Neubau des Gebäudes der Leipziger Feuerversicherungsanstalt, 1950–1989 Sitz der Bezirksverwaltung Leipzig des Ministeriums für Staatssicherheit der DDR, seit 1990 Sitz des »Museums in der Runden Ecke« und der Stasi-Unterlagenbehörde
39 Neues Pförtchen, um 1825 angelegter Durchbruch vom Neukirchhof zu den Promenaden, 1894 Umbenennung in Matthäikirchhof

Dittrichring, seit 1839 An der Pleiße, 1898 Umbenennung in Thomasring, 1917 Umbenennung zu Ehren des Leipziger Oberbürgermeisters Rudolf Dittrich (1855–1929)
40 Rückgebäude der Kleinen Fleischergasse, 1906 Abriss und 1908/09 Neubau des Geschäftshauses »Wünschmanns Hof«
41 Barfußpförtchen, 1479 erstmals erwähnt, 1810 neu errichtet, um 1830 abgebrochen und mit dem Barfußgässchen verbunden
42 Rückgebäude der Häuser an der Klostergasse, u. a. »Hôtel de Saxe«, »Zwei goldene Sterne« und »Altes Kloster«, alle um 1900 abgebrochen und bis 1906 durch Neubauten ersetzt, u. a. Pfarrhaus der Thomasgemeinde (heute Haus der Kirche »Matthäihaus«) und Bankhaus Meyer (Eckhaus am Thomaskirchhof)
43 Thomaskirchhof, bis 1536 als Friedhof von St. Thomas benutzt, auf der Nordseite um 1820 zum Promenadenring hin geöffnet
44 Denkmal für den Gewandhauskapellmeister und Thomaskantor Johann Adam Hiller (1728–1804), 1832 errichtet, Reste seit 1889 an der Nordwestecke der Thomaskirche angebracht
45 St. Thomas, 1482/96 auf dem Grund eines älteren Vorgängerbaus errichtet, 1880/89 grundlegender Umbau, dabei Anbau der neogotischen Schaufassade zum Thomasring (Dittrichring)
46 Alte Thomasschule, 1553 Neubau, 1731/32 grundlegender Umbau und Erweiterung um mehrere Stockwerke, 1902 Abriss und 1903/04 Neubau des neogotischen Gebäudes der Superintendentur, seit 2000 »Thomas-Haus«
47 Thomaspförtchen (Thomaspforte), erstmals erwähnt 1373, zugemauert 1643, wieder geöffnet 1788, 1875 Abbruch des Torbogens und Durchbruch zum südlichen Teil des Thomaskirchhofs
48 Rückgebäude der Häuser an der Burgstraße, 1875/82 ersetzt durch Wohn- und Geschäftshäuser: »Café Kaiserhof« (Eckhaus zum Thomaskirchhof), »Augustinerbräu«, »Hotel Reichshof« und das Haus des Leipziger Garnisonskommandeurs (Eckhaus zur Schulstraße/Ratsfreischulstraße), 1995–2000 als Wohn- und Geschäftshäuser saniert
49 Schulstraße, 1839 nach der Ratsfreischule benannt, 2001 Umbenennung in Ratsfreischulstraße
50 Ratsfreischule, 1792 auf Initiative von Carl Wilhelm Müller errichtet, 1873 abgebrochen, 1875/77 ersetzt durch einen Neubau für den Leipziger Kaufmännischen Verein, 1943 zerstört, 1995/97 Neubau für die HypoVereinsbank
51 Gebäude der Freimaurerloge »Minerva zu den drei Palmen« (in der Schulstraße), seit 1774 im ehemals Venonischen Haus ansässig, 1816 Sanierung und Vergrößerung, 1885 Neubau, 1905 nach Auszug der Loge Abbruch und Neubau als Wohn- und Geschäftshaus
52 Wehranlagen und um 1780 errichtete niedrige Wohnhäuser für die Soldaten der Pleißenburg, um 1860 durch Kasernengebäude ersetzt, 1908/12 Neubau des Stadthauses

Martin-Luther-Ring, seit 1839 An der Pleiße bzw. Obstmarkt, 1898 Umbenennung in Rathausring, 1933 Umbenennung anlässlich des 450. Geburtstages des Reformators Martin Luther (1483–1546)

53 Triashaus, 2013/14 als elfgeschossiges Bürogebäude errichtet anstelle eines um 1910 errichteten und 1943/45 zerstörten Geschäftshauses

54 Schlosstor, Fußgänger-Verbindung von der Pleißenburg (»Schloss Pleißenburg«) zur Promenade, 1898 beim Abriss der Pleißenburg Anlage der nach Hieronymus Lotter, Leipziger Bürgermeister im 16. Jahrhundert, benannten Lotterstraße

55 Pleißenburg, 1296 errichtet, 1549/69 Ausbau zur Festung, bis 1763 und 1830–1895 militärische Nutzung, zuletzt als Garnison des 107. Infanterie-Regiments, 1790–1861 Nutzung des Turms als Observatorium, 1897–1905 Abriss und Neubau des Neuen Rathauses nach Plänen von Hugo Licht

56 Hugo-Licht-Straße, um 1900 beim Neubau des Neuen Rathauses angelegt, 1919 Benennung nach dem Leipziger Stadtbaurat Hugo Licht (1841–1923)

57 Wehranlagen und Wohnhäuser für die Soldaten der Pleißenburg, um 1860 durch Kasernengebäude ersetzt, 1895/97 Abriss und 1898–1901 Neubau im Stil der italienischen Hochrenaissance als Geschäftshaus der Deutschen Bank, 1949–1990 Nutzung durch die Staatsbank der DDR, seit 1990 wieder Sitz der Deutschen Bank

58 Markgrafenstraße, 1898 beim Bau des Neuen Rathauses angelegt und benannt nach Otto dem Reichen, Markgraf von Meißen (1125–1190), der Leipzig um 1165 das Stadtrecht verlieh

59 Peterstor, erstmals 1420 erwähnt, 1722/23 Neubau im Stil des Barock, 1860 als letztes der Leipziger Stadttore abgerissen zur Herstellung einer freien Verbindung von der Petersstraße zum Königsplatz (seit 1945 Wilhelm-Leuschner-Platz) und Peterssteinweg

Schillerstraße, seit Mitte des 16. Jahrhunderts Teil des Stadtgrabens mit dem Moritzdamm als schmaler Verbindung vom Peterstor zum Grimmaischen Tor, 1859/65 nach Verfüllung des Grabens als Straße neu angelegt und zu Ehren des 100. Geburtstages von Friedrich Schiller benannt

60 Peterskirche, 1507 errichtet, ab 1539 nicht mehr kirchlich genutzt, 1886 Abriss nach Fertigstellung der (neuen) Peterskirche am Schletterplatz, 1886/88 Neubau als Gebäude der Reichsbank, 1949–1990 Nutzung als Bezirksdirektion Leipzig der Staatsbank der DDR, heute Sitz der Musikschule Leipzig

61 Kornmagazin, an der Magazingasse gelegen, 1523/29 als Stadtmagazin errichtet, 1859 abgebrochen und durch Wohnhäuser (als Rückgebäude der Schillerstraße) ersetzt

62 Geschäftshaus der Leipziger Hypothekenbank (Eckhaus zum Neumarkt), um 1860 errichtet, heute Sitz der Leipziger Volksbank

63 Neumarkt, um 1860 bei Anlage der Schillerstraße entstandener Durchbruch zur Verbindung des Neumarkts mit dem Promenadenring

64 Gartenhaus auf der Rückseite der Magazingasse, 1859/62 Neubau für das Bankhaus Beckmann & Limburger (»Limburgers Haus«), heute Filiale der Sparkasse Leipzig

65 Gartenhaus auf der Rückseite der Magazingasse, 1863 Neubau (»Forbrichs Haus«), heute u. a. Sitz der Musikalienhandlung M. Oelsner

66 Gartenhaus auf der Rückseite der Magazingasse, 1863 Neubau (»Oldenbourgs Haus«), wenig später Übergang auf die Universität und Nutzung als Ägyptisches Museum

67 Teichmannsche Lehranstalt, 1861 als Neubau errichtet (Eckhaus zur Universitätsstraße), später Sitz der Buchhandlung Genth und des Kunstantiquariats C. G. Boerner, 1945 zerstört, 1959/60 Neubau als Wohnhochhaus, seit 2011 auch Sitz der Leipziger Universitätsbuchhandlung

68 Moritzpforte, um 1825 geschaffener Fußgänger-Übergang von der Universitätsstraße zum Promenadenring, um 1860 zur Straße ausgebaut

69 Moritzbastei, 1551/54 als Teil der Leipziger Festung errichtet, nach 1763 zivil genutzt, 1796–1804 Errichtung der Ersten Bürgerschule auf den Grundmauern der Bastei, ab 1899 Sitz der Städtischen Schule für Frauenberufe, 1931 Umbenennung in Annenschule, 1943/45 zerstört und anschließend zugeschüttet, 1974/82 Ausgrabung der Kellergewölbe und Ausbau zum Studentenklub »moritzbastei«

70 Mensa am Park, 2008/09 Neubau für das Studentenwerk Leipzig anstelle des 1945 zerstörten »Fridericianum«, das 1842/43 für das Chemische Institut der Universität errichtet worden war

IAN SPRING • RONNY ECKE

Leipzig in Farbe

Frühe Farbfotografien 1937–1947

Lehmstedt

Leipzig in Farbe

Frühe Farbfotografien 1937–1947

Herausgegeben von Ian Spring
und Ronny Ecke

96 Seiten,
85 farbige Abbildungen
24 x 27 cm, Festeinband,
Schutzumschlag, Fadenheftung

ISBN 978-3-942473-96-5

19,90 Euro

Als 1936 in Deutschland der erste Farbfilm in den Handel kam, griffen viele Fotografen begeistert zu und nahmen ihre Umgebung in nie zuvor gesehener Farbenpracht auf. Mit Begeisterung für die neue Technik und der Liebe zu ihrer Heimat hielten auch und gerade Hobby-Fotografen die Landschaft, Architektur und das Alltagsleben ihrer Zeit fest. In langjähriger Sammelarbeit hat Ian Spring über 24 000 Bilder zusammengetragen, die die Welt der 1930er und 1940er Jahre in ganz ungewohnter Perspektive zeigen. Darunter befindet sich auch ein faszinierendes Konvolut von Bildern aus seiner Wahlheimat Leipzig, die in diesem Buch erstmals veröffentlicht werden, ergänzt um weitere frühe Farbbilder aus den Sammlungen des Stadtgeschichtlichen Museums Leipzig. Ronny Ecke hat die Bilder aufwendig bearbeitet und mit historischen Kommentaren erläutert. So entsteht ein faszinierendes Porträt der Stadt unmittelbar vor den Zerstörungen des Zweiten Weltkriegs – und den Trümmerwüsten der ersten Nachkriegszeit.

Lehmstedt

ANDREAS MARTIN

Die Leipziger Straßenbahn

Eine historische Rundfahrt

Lehmstedt

Andreas Martin

Die Leipziger Straßenbahn

Eine historische Rundfahrt

176 Seiten,
310 farbige Abbildungen
24 x 27 cm, Festeinband,
Fadenheftung

ISBN 978-3-942473-71-2

19,90 Euro

Die Leipziger Straßenbahngeschichte reicht bis ins Jahr 1872 zurück, als die Leipziger Pferde-Eisenbahn ihre ersten drei Linienverbindungen eröffnete. 1896 wurden die Pferde durch elektrische Triebwagen ersetzt. Fortan konkurrierten zwei, dann sogar drei privat betriebene Straßenbahngesellschaften miteinander, die 1916 miteinander vereinigt und 1919 in kommunalen Besitz überführt wurden, seit 1938 unter dem Namen der »Leipziger Verkehrsbetriebe«. In seinem Buch rekonstruiert Andreas Martin die wechselvolle Geschichte der Leipziger Straßenbahnen anhand von zahlreichen historischen Ansichtskarten, darunter vielen äußerst seltenen, und nimmt den Leser mit auf eine Rundfahrt durch alle Stadtteile von Wahren bis Paunsdorf und von Eutritzsch bis Markkleeberg. Nicht nur für Straßenbahnhistoriker ein Muss, denn: »Der Bildband dokumentiert weit mehr als die Straßenbahngeschichte. Das Werden des heutigen Leipzig wird im so reichhaltig wie liebevoll bestückten Band anschaulich.« (Tobias Prüwer)

Lehmstedt

Andreas Martin

Der Leipziger Promenadenring

Eine historische Rundfahrt

158 Seiten,
300 farbige Abbildungen
24 x 27 cm, Festeinband,
Fadenheftung

ISBN 978-3-937146-85-0

19,90 Euro

Im Laufe des 18. Jahrhunderts wurden die aus dem Spätmittelalter stammende Stadtmauer und der ihr vorgelagerte Wassergraben, die die Leipziger Innenstadt vor feindlichen Überfällen schützen sollten, niedergelegt bzw. aufgefüllt und durch einen Grüngürtel ersetzt, den die Einwohner und ihre Gäste schon bald als Ort des Spazierengehens entdeckten – der Promenadenring entstand. Im 19. Jahrhundert entstand hier eine repräsentative großbürgerliche Bebauung mit Wohn- und Geschäftshäusern, Verwaltungsgebäuden, Kirchen und Theatern, Hotels und Restaurants. Bis heute ist der Ring die bedeutendste Verkehrsader der Stadt mit dichtem Auto- und Straßenbahnverkehr und – über den Hauptbahnhof – mit Anschluss an das überregionale Eisenbahnnetz. Das Buch von Andreas Martin nimmt den Leser mit auf eine Entdeckungsreise durch die Verkehrs- und die Baugeschichte der interessantesten aller Leipziger Straßen, üppig illustriert mit historischen Ansichtskarten aus seiner reichhaltigen Privatsammlung – ein Standardwerk und unverzichtbar für jeden Leipzig-Fan!

Lehmstedt

Gefördert durch: Stadt Leipzig, Kulturamt;
Stadtbibliothek Leipzig; Ebner Stolz, Leipzig

EBNER
STOLZ